해적

해적

초판 1쇄 발행 2022년 2월 15일

제임스 데이비스 글·그림 | 김완균 옮김

펴낸이 김현태 펴낸곳 책세상어린이
등록 2021년 1월 22일 제2021-000032호
주소 서울시 마포구 잔다리로 62-1, 3층(04031)
전화 02-704-1250(영업), 02-3273-1334(편집) 팩스 02-719-1258
이메일 editor@chaeksesang.com
광고·제휴 문의 creator@chaeksesang.com
홈페이지 chaeksesang.com
페이스북 /chaeksesang 트위터 @chaeksesang
인스타그램 @chaeksesang 네이버포스트 bkworldpub

ISBN 979-11-5931-820-7 74900
ISBN 979-11-5931-816-0 (세트)

• 잘못되거나 파손된 책은 구입하신 서점에서 교환해 드립니다.
• 책값은 뒤표지에 있습니다.
• 7세 이상의 어린이에게 적합한 도서입니다. Printed in Korea

Meet the Pirates by James Davies
Text and illustration copyright ⓒ 2019 by James Davies
Design copyright ⓒ 2019 by The Templar Company Limited
First published in the UK by big Picture Press,
an imprint of Bonnier Books UK,
The Plaza, 535 King's Road, London, SW10 0SZ
www.templarco.co.uk
www.bonnierbooks.co.uk
All rights reserved.
Korean translation rights ⓒ 2022 by CHAEKSESANG PUBLISHING CO.
Korean translation rights are arranged with Big Picture Press,
an imprint of Bonnier Books UK through AMO Agency Korea.
이 책의 한국어판 저작권은 AMO에이전시를 통해
저작권자와 독점 계약한 책세상에 있습니다.
저작권법에 의해 한국 내에서 보호를 받는 저작물이므로
무단 전재와 무단 복제를 금합니다.

똑똑 세계사

Meet the Pirates

해적

책세상 어린이

차례

해적 지도 — 6
해적은 누구일까요? — 8
바다로 나간 바이킹 — 10
코르세어와 버커니어 — 12
사략선 — 14
크리스토퍼 콜럼버스 — 16
해적의 황금시대 — 18
어이, 배다! — 20
배의 주요 부분들 — 22
해적의 전설 — 24
해적의 항해술 — 26
나를 위한 해적 생활 — 28
선원을 만나 봐요 — 30
해적처럼 옷 입기 — 32
규칙과 처벌 — 34

혼자만의 섬	36
해적 깃발	38
먹을 것과 마실 것	40
위험한 질병	42
전투 무기	44
반짝이는 모든 것	46
여성 해적	48
검은 수염	50
악명 높은 해적들	52
해적의 안식처	54
바다의 유령, 데이비 존스	56
해적의 패배	58
오늘날의 해적	60
해적 연표	62

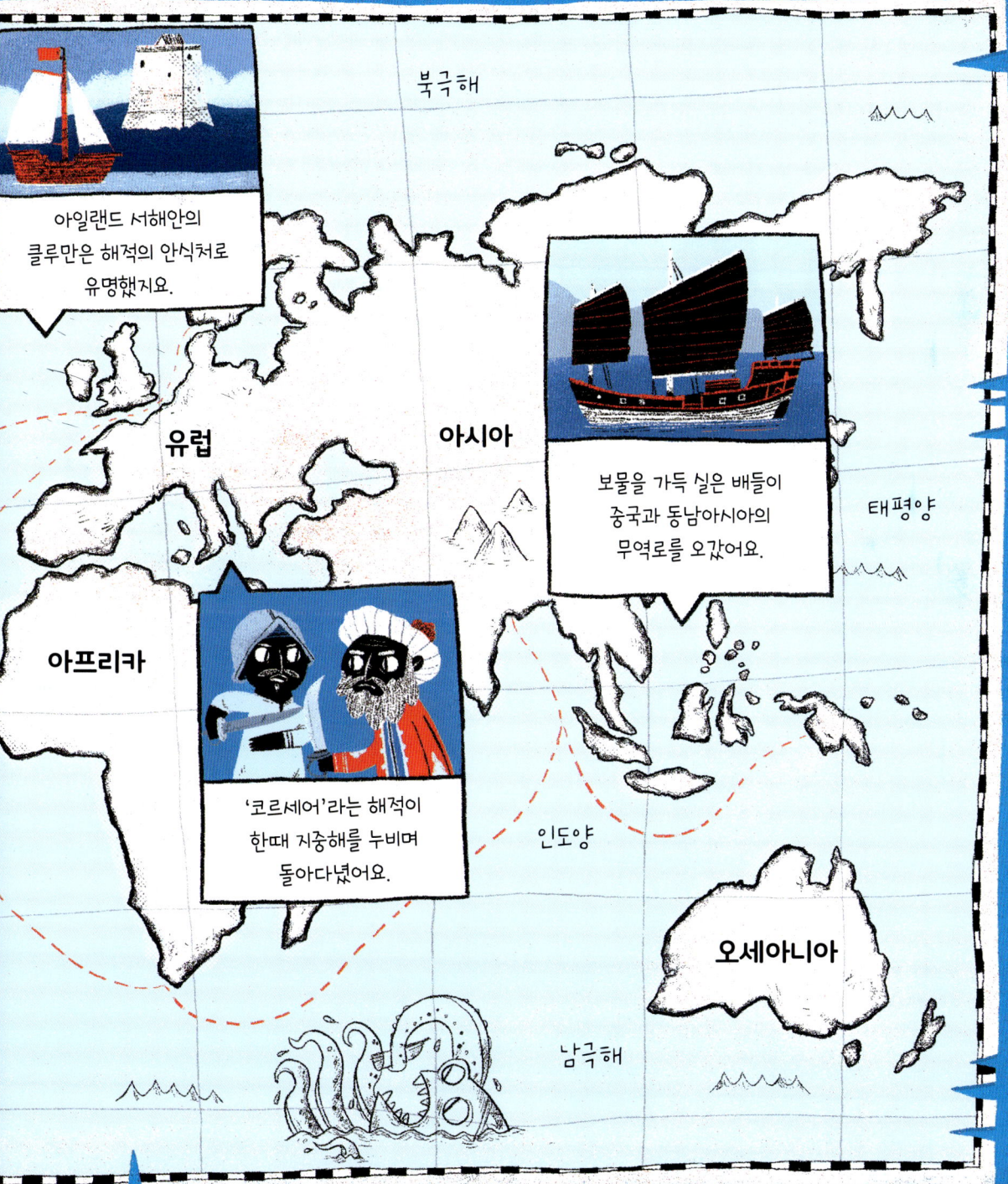

해적은 몇 세기 동안 전 세계 바다를 휘젓고 다녔어요.
배를 습격하고, 보물을 강제로 빼앗고, 적을 바다에 빠뜨려 죽이곤 했지요.
그들은 옷을 멋지게 차려입고, 커다란 모자와 두건을 썼어요.
우리는 이 난폭한 바다의 무법자들에 관해 또 무엇을 알고 있을까요?

해적 이야기는 지금부터 2000년 넘게 거슬러 올라가 고대 그리스에서 시작해요. 그때도 교역로를 따라 모인 교활한 바다의 무법자들이 지나가는 배에서 보물을 강제로 빼앗곤 했지요. 해적은 몇백 년 동안 아주 심각한 골칫거리였어요. 고대 로마의 장군이자 뛰어난 정치가였던 율리우스 카이사르도 한때 해적에게 납치된 적이 있을 정도니까요!

해적의 '원조'는 바이킹이라고 할 수 있어요. 이 바다의 전사들은 800년에서 1066년 사이에 북아메리카와 북아프리카 연안, 그리고 지중해를 비롯해 유럽 곳곳의 바다에서 약탈을 일삼았지요. 최대한 무섭게 보이려고 '뼈 없는 자, 이바르', '피 도끼 에릭'처럼 등골이 오싹해지는 별명을 스스로 지어 불렀어요. 아마 이 둘은 무척 사랑받는 별명이었을 거예요.

바이킹은 스웨덴, 노르웨이, 덴마크 같은 곳에 살면서, 해로(배가 다니는 길)를 통해 유럽의 여러 곳으로 진출한 노르만족을 말해요. 북유럽에 속하는 스웨덴, 노르웨이, 덴마크를 한데 묶어 스칸디나비아 삼국이라고 하지요.
항해 기술이 뛰어났던 바이킹은 빠르게 전진하는 용머리 모양 배를 타고 다니면서 지나는 길에 있는 해안 마을을 닥치는 대로 습격했답니다.

야호! 이제 이 마을은 몽땅 내 거야!

해적은 바다 위에서 활동하던 모든 '말썽쟁이'를 통틀어 부르는 이름이에요.
주로 활동하던 지역에 따라 이름을 다르게 불렀는데, 지중해와 그 주변 국가를
장악하려 했던 해적의 이름은 '코르세어'였어요.
그들은 1096년에 시작된 예루살렘을 둘러싼 크리스트교와 이슬람교의 다툼인
'십자군 전쟁'에 참여하기도 했답니다.

'버커니어'는 1600년대에 카리브해에서 에스파냐와 에스파냐 식민지의 배들을 습격했던 해적이에요. 이들은 섬에 사는 야생 동물을 사냥해서 먹고살았지요. '버커니어'가 자신들의 땅을 점령한 사실에 화가 난 에스파냐 사람들은 그들을 쫓아내려고 그곳에 있던 야생 동물을 모두 죽여 버렸어요!

그런데 그건 너무 끔찍한 결정이었어요. 해적들은 사냥할 동물이 다 없어지자 바다로 나갔고, 동물 대신 에스파냐 배들을 공격하기 시작했거든요.

해적들은 바다에서 큰 혼란을 일으켰어요. 세계의 모든 나라가 해적의 습격 때문에 지쳐 버렸지요. 그래서 나라에서 '특별 허가증'을 만들어 준 배는 적의 배와 정착지를 마음 놓고 공격해 약탈할 수 있었어요. 그런 배를 '사략선'이라고 불렀는데, 사략선 선원들은 적을 습격해서 차지한 보물 가운데 일부를 보상으로 받았답니다.

사략선 선장 중에 가장 유명한 사람은 영국의 해군 제독 프랜시스 드레이크였어요. 그는 1572년에서 1596년까지 중앙아메리카의 에스파냐 정착지를 공격해 엄청난 재산을 모았답니다. 그가 보물이 가득 담긴 가방을 들고 영국으로 돌아오자, 엘리자베스 1세 여왕이 그에게 영예로운 기사 작위(계급)를 주었지요!

이탈리아의 유명한 탐험가인 크리스토퍼 콜럼버스는 1492년에 대서양을 가로질러 중국으로 가는 새로운 항로를 찾아 나섰어요. 제대로 된 항해용 지도 하나 없던 때라 콜럼버스는 길을 잃고 숱한 고생을 했지요. 그렇게 몇 달간의 힘든 항해를 한 그는 마침내 중국 대신 아메리카 대륙을 발견했어요.

콜럼버스와 선원들은 그곳에서 지금까지 본 적 없는 어마어마한 금광을 찾았어요.
그들은 엄청난 양의 금과 은을 훔쳐 자신들의 고향인 유럽으로 실어 보냈답니다.
그런데 금을 실은 배가 있는 곳에는 언제나 해적이 있기 마련이지요!

아메리카 대륙을 발견하면서 대서양에서는 해적의 약탈이 크게 늘어났어요.
하나도 안 고맙네요, 콜럼버스!

'해적의 황금시대'는 1650년대에서 1730년대까지 이어졌어요. 이 시기에는 무시무시한 해적이었던 '검은 수염'을 비롯해 악명 높은 해적이 많이 등장했지요. 전 세계 해안가는 배를 타고 나가 바닷속 보물을 찾아서 부자가 되기를 열망하는 수천 명의 해적으로 북적거렸답니다.

이 시기에 범죄자가 되거나 해적이 된 가난한 사람들이 아주 많았어요. 5000명이 넘는 해적이 전 세계의 바다를 떠돌아다닌다고 생각해 봐요! 여러분이 귀중한 화물을 실은 배에 타고 있다면, 틀림없이 해적의 공격을 받을 거예요.

영국을 비롯해 다른 유럽 국가들은 해적에게 더욱 강력하게 대응하기로 결정하고, 해적 사냥꾼을 고용했어요. 영국 왕은 1717년에 '왕실 사면령'을 발표해 자수하는 해적은 처벌하지 않고 평범한 시민으로 살게 해 주겠다고 약속했지요. 이로부터 10여 년이 지나, 마침내 '해적의 황금시대'는 끝이 났어요.

해적들은 손에 넣을 수만 있다면 수단과 방법을 가리지 않고 바다로 뛰어들어 모든 배를 약탈했어요. 그들이 주로 선택했던 배의 종류를 몇 가지 살펴볼까요?

에스파냐의 갤리언선

돛대가 3~4개 있는 대형 범선(돛단배)이에요. 74개의 대포로 중무장을 한 배였지요. 최대 400명까지 태울 수 있는 거대한 배여서 시시때때로 변하는 대서양의 험악한 날씨를 이겨 내는 데 큰 도움이 되었어요.

영국의 군함

거대한 갤리언선을 파괴할 목적으로 설계된 군함이에요. 배의 길이는 60미터가 넘고, 124개의 대포가 있었지요. '검은 수염'을 비롯해 많은 해적이 이 무시무시한 군함의 공격을 받고 죽었어요.

슬루프와 브리간틴

슬루프는 돛대가 하나인 작은 범선이고,
브리간틴은 쌍돛대 범선이에요.
해적들에게 무척이나 인기 있는 배였어요.
빠르고 조종하기가 쉬워서
크고 느린 배를 공격하기에 알맞았지요.
해적을 150명까지 태울 수 있었고,
갑판에는 14개쯤 되는 대포가 있었어요.

중국의 정크선

고대 중국의 범선인 정크선은 거대한 부채꼴의 돛 덕분에
바람을 붙잡아 마음먹은 대로 방향을 틀기가 수월했어요.
그래서 거친 바다를 비교적 안전하게 여행할 수 있었지요.
중국 범선의 크기는 다양했는데, 가장 큰 것은 길이가
100미터도 넘었대요!

프리깃

어떤 선장은 아주 화려한 배를 좋아했어요.
가끔은 멋진 모습을 뽐내야 할 때도 있으니까요!
그럴 때는 프리깃이 최고였죠.
이 거대한 군함은 적어도 28개의 대포를 보유하고
발사할 수 있었어요.

배를 가장 좋은 상태로 유지하려면 많은 선원이
몹시 힘들게 일하고 노력해야 했어요.
배에는 관리해야 할 부분이 아주 많거든요.

배의 뒷부분인 고물에
만들어 놓은 선미루 갑판은
선장실의 지붕을 이룬답니다.

뒤쪽 갑판에는
배의 운전대인
조타기가 있어요.

선장실

화물칸은 보물과 그 밖의 물품들을
보관하는 곳이에요.

배 밑에 방향타를 설치했어요.
거대한 조타기가 방향타를 움직여
배의 방향을 바꿔 주지요.

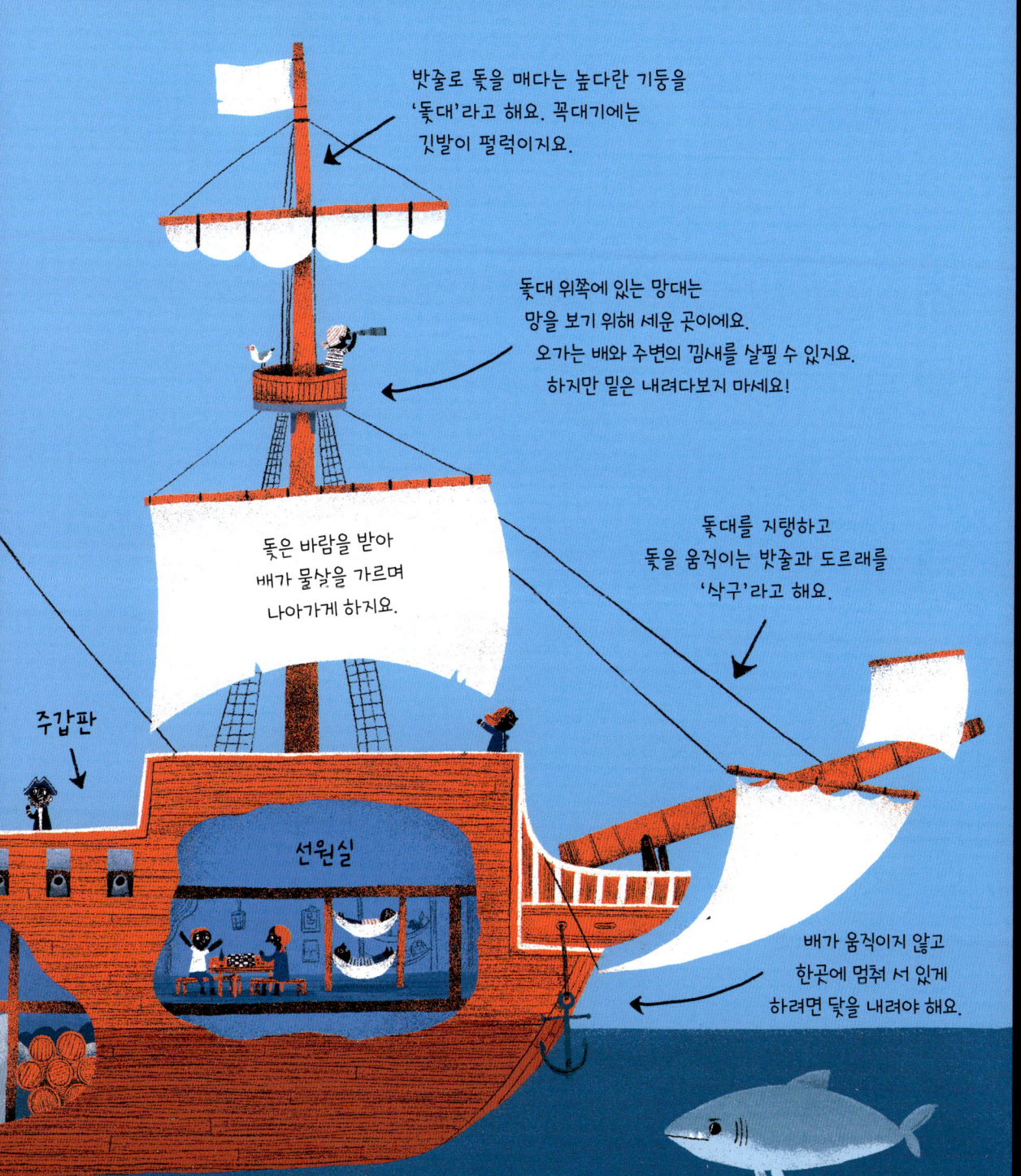

악당 같은 해적들은 아무것도 무서워하지 않았을까요? 그렇지 않아요!
많은 해적이 1700년대로 거슬러 올라가는 전설 속의 바다 괴물을 두려워했어요.
노르웨이 앞바다에 나타난다는 대왕오징어 '크라켄' 말이에요.
해적은 크라켄이 긴 다리로 배를 감싸서 죽음의 바다로 끌고 간다고 믿었어요.

오늘날에도 바다에 사는 대왕오징어들이 작은 배에 해를 끼칠 수 있지요.
가장 큰 대왕오징어는 몸길이가 20미터나 된다고 하니,
이보다 더 큰 오징어 형제가 없을 거라고 누가 장담하겠어요!

또 다른 무시무시한 이야기는 네덜란드 유령선 '플라잉 더치맨'에 관한 것이에요. 이 전설의 유령선은 항구에 정박하지 못하고 유령 선원들을 태운 채 영원히 바다를 떠다니도록 저주받았다고 해요. '플라잉 더치맨'은 실제로 1641년에 네덜란드에서 출항한 배랍니다. 거대한 폭풍우를 만나 엄청난 파도에 휩쓸린 뒤 사라지고 말았지요.

'플라잉 더치맨'이 바닷속으로 가라앉은 뒤로 수십 년 동안, 많은 해적이 사나운 파도를 헤치며 항해하는 유령선을 보았다고 주장했어요. 진짜 무시무시하네! 하지만 오늘날 많은 사람이 그 목격담은 착각일 거라고 믿고 있지요.

배와 선원을 구했다면, 이제 항해를 시작해야겠죠?
그런데 해적들은 배를 어디로 몰아야 할지 어떻게 알았을까요?

우리는 흔히 해적들이 빨간색으로 'X' 자를 커다랗게 표시한 지도를 가지고 있었을 거라고 생각하지요. 그런데 전 세계 바다를 누비려면 종이 지도보다 더 많은 것이 필요했어요. 그때는 스마트폰이나 위치를 파악할 수 있는 시스템인 지피에스(GPS)가 없었기 때문에, 해적들은 해, 달, 별, 그리고 특별한 장비에 의존해서 길을 찾았지요.

해적들은 커다란 책에다 여행한 곳의 지도를 그려서 항해 기록을 남겼어요. 해적의 지도책은 '바헤나에르'라는 네덜란드 지도 제작자의 항해용 지도책에서 유래했지요. 해적에게는 항해할 방향을 자세히 알려 주는 지도책이 무엇보다 소중했어요. 그럼 길을 찾는 데 꼭 필요한 탐색 도구를 몇 가지 더 소개해 볼게요.

선원들은 두 개의 거울로 만든 '팔분의'를 사용해서 태양과 수평선을 동시에 볼 수 있었어요. 그 덕분에 자신의 위치를 알 수 있었지요.

해적들은 망원경을 사용해 멀리서도 중요한 상징물이나 섬들을 찾아냈어요. 해적들은 그런 망원경을 '가까이 데려오기'라고 불렀대요.

나침반의 바늘은 항상 북쪽을 가리켜요. 해적들은 나침반을 보면서 정확한 방향으로 가고 있는지 확인했지요.

해적들은 더럽고 냄새나고 때로는 손 대신 갈고리를 달고 있었지만,
헌신적이고 솜씨 좋은 선원이었어요. 그런데 그들은 어떻게 해적이 되었을까요?
해적 학교라도 다녔을까요?

해적들 대부분은 원래 평범한 선원이었어요.
먹고살기 위해 어쩔 수 없이 범죄자의 길에 들어선 것이지요.
어떤 사람은 타고 있던 배가 해적에게 붙잡히는 바람에 해적이 되기도 했어요.

해적선 생활은 아주 고되고 힘들었어요. 선장은 혼자서 잠잘 곳이 있었지만, 다른 해적들은 갑판 아래 좁은 공간에서 수십 명의 동료와 함께 잠을 자야 했지요. 음, 만약 누가 코라도 곤다면? 아니면 더 끔찍한 상황이 벌어진다면···.

해적선에는 샤워 시설이 없었어요. 그럼 어떻게 하죠? 가장 쉬운 해결책은 아예 씻지 않는 거였지요. 세상에!

해적선이 출항하려면 먼저 선원들을 모아야 했어요.
배에 탄 해적들은 배가 계속 운항할 수 있도록
저마다 중요한 임무를 수행했지요.

선장은 선원들이 뽑았어요.
선장은 배의 규칙을 정하고,
약탈한 보물 가운데
가장 많은 양을 차지했지요.
선장의 제일 중요한 임무는
항로를 결정하는 것이었어요.

갑판장은 식량과 화약,
그리고 약탈한 물품을 나누어 주었어요.
또 일을 배분하고, 잘못을 저지르면
처벌을 결정했지요. 그러니까 갑판장과
사이좋게 지내는 게 좋겠죠?

해적들이 입은 옷이 조금 우스꽝스러워 보일지도 모르겠네요. 하지만 그들의 옷은 하나같이 배에서 생활하기에 알맞은 것이었지요. 어떤 옷을 입었는지 자세히 살펴볼까요?

선장의 옷

외투
날씨가 추울 때 몸을 따뜻하게 해 주는 좋은 재료로 만들었어요.

장화
오랜 항해를 견디려면 장화가 튼튼해야 했지요.

삼각 모자
이 커다란 모자를 쓴 사람이 바로 선장이랍니다.

바지
무릎 아래서 여미는 헐렁한 바지를 입었어요.

와, 멋있다. 정말 멋있어!

계급이 낮은 선원들은 선장과 전혀 다른 옷을 입었어요. 그들은 주로 무거운 짐을 들어 옮기거나 돛을 올리고, 싸움을 했지요. 그래서 힘든 일을 하는 데 걸맞은 옷차림이 필요했어요.

선원의 옷

안대
해적은 바다에서 적과 싸우다가 한쪽 눈을 잃기도 했어요. 안대는 감염을 예방하는 데 도움이 되었지요.

두건
땀을 흡수하고, 강한 햇빛으로부터 머리를 보호해 주었어요. 새똥으로부터도요!

귀걸이
바다에서 죽은 해적의 장례 비용으로 사용하곤 했대요.

조끼나 헐렁한 셔츠
줄무늬 옷은 가장 값비싼 옷이었어요. 우연히 줄무늬 옷을 발견했다면, 그건 엄청 운이 좋은 거예요.

모직 바지
속옷은 입지 않았대요!

신발도 신지 않았어요.

이야, 모델이 따로 없네!

누가 제일 멋있는데?

해적처럼 옷 입기

33

선장은 엄격한 '해적 규칙'에 따라 배와 선원들을 관리했어요.
해적선에 합류하려면 규칙에 맞게 행동하겠다는 '합의서'에 서명을 해야 했지요.
그럼 이제부터 '해적 규칙' 가운데 중요한 항목을 몇 가지 소개할게요.

해적 규칙

1. 식량이 다 떨어질 때까지 모든 사람은 똑같은 양의 음식을 배급받는다.
2. 항해할 때 도박을 하지 않는다.
3. 도둑질하거나 도망치다 걸리면 무인도에 버려진다.
4. 갑판에서 서로 싸우다 걸리면, 해안가로 끌려가 칼이나 권총으로 결투를 벌여야 한다.
5. 언제 다음 전투가 벌어질지 모르니, 무기를 늘 곁에 두어야 한다.
6. 취침 시간 지키기! 등과 촛불은 8시 전에 꺼야 한다.

해적선 생활은 매우 힘들었고, 바다에서 규칙을 어기면 무시무시한 처벌을 받았어요. 실제로 행했다고 전하는 끔찍한 처벌 방법을 몇 가지 살펴볼게요. 에구머니나!

> 됐어! 나는 반드시 최고의 해적이 될 테다!

규칙과 처벌

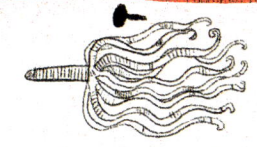

아홉 꼬리 고양이
아홉 개의 가닥이 달린 밧줄 채찍이에요. 정말로 못된 짓을 한 사람이라면, 더 아프게 채찍질하기 위해 가닥 끝마다 매듭을 묶거나 낚싯바늘을 매달기도 했어요.

돛대에 묶기
벌 받는 사람을 뜨거운 햇볕 아래 며칠 동안이고 돛대에 묶어 놓았어요. 몹시 나쁜 사람이라면 동료 해적이 날카로운 칼로 찌를 수도 있었지요.

나무판자 걷기
규칙을 어긴 자는 눈을 가린 채 뱃전에 걸쳐 놓은 긴 나무판자 위를 걸어가야 했어요. 최악의 다이빙대에 온 걸 환영해!

무인도에 버려지는 건 해적에게 끔찍한 처벌이었지만, 단 한 사람에게는 그렇지 않았어요.

알렉산더 셀커크의 기이한 이야기

1704년, 스코틀랜드의 사략선 선원이던 알렉산더 셀커크는 점점 겁이 났어요. 타고 있던 배가 바다에서 많은 전투를 치른 터라 심하게 망가진 상태였거든요. 그는 배가 가라앉을까 봐 두려워 가장 가까운 섬에 자신을 버려 달라고 애원했어요.

셀커크는 결국 칠레 서부 해안에서 700킬로미터쯤 떨어진 마스아티에라섬, 그러니까 지금은 로빈슨 크루소의 섬으로 알려진 무인도에 버려졌어요. 저런!

처음에 셀커크는 해안 가까이에서 바닷가재를 잡아먹고 살았어요. 그런데 얼마 지나지 않아 점점 슬퍼지기 시작했지요. 그는 성가시기만 하던 동료 선원들에게 돌아가고 싶어졌어요.

셀커크는 바다사자들이 우는 소리를 피해 섬 안쪽으로 옮겨 갔어요. 그곳에서 자신만의 낙원을 발견했지요.

그 뒤 4년 동안 셀커크는 작고 편안한 집을 짓고 살았어요.

염소에게서 우유와 고기, 가죽을 얻었지요. 야생 순무와 양배추 잎도 먹었고요.

셀커크는 심지어 야생 고양이를 길들여서 밤마다 그를 공격하던 쥐들을 쫓아내게 했어요. 조금 외롭기는 했지만, 전혀 지루하지 않은 삶이었지요.

1709년 2월, 섬에 배 한 척이 찾아왔어요. 선원들은 염소 가죽으로 만든 허름한 옷을 입은 셀커크를 발견했지요. 셀커크는 선원들을 보자 매우 반가워했어요. 그는 선원들에게 염소 고기 요리를 대접했고, 선원들은 그를 다시 세상으로 데려가겠다고 제안했답니다.

셀커크는 처음에 그리 내키지 않는 듯했어요. 어쨌거나 자신만의 멋진 집에서 살고 있었으니까요! 하지만 이내 그 제안을 받아들였고, 마침내 매우 성공한 사략선 선원이 되었답니다.

해적들은 일단 배를 사거나 훔치면 다른 해적에게 경고하기 위해 무시무시한 깃발을 달았어요. 가장 상징적인 깃발은 '졸리 로저'라는 해적기였지요. 검은색 천에 빨간색이나 흰색으로 해골과 뼈다귀 두 개를 엇갈리게 겹쳐 그린 깃발이었어요. 애고, 다리가 막 후들거리네!

어떤 해적단은 깃발 디자인을 한 단계 더 발전시켜 등골이 오싹해지는
이미지를 만들어 내기도 했어요. 붉은 깃발이 특히 무서웠지요.
다가오는 배에서 붉은 깃발이 펄럭인다면, 이제 죽은 거나 마찬가지였어요.
붉은 깃발을 매단 해적단은 자비심이라고는 눈곱만큼도 없었지요!

선원들은 아주 긴 항해에 나설 때는 몇 달이나 바다에 머물 수도 있었어요. 그래서 되도록 많은 음식을 준비해야 했지요. 하지만 시원하게 보관할 곳이 없어서 어떤 음식은 금세 상하곤 했어요. 해적들이 어떤 음식을 먹고 마셨는지 한번 살펴볼까요?

빵은 밀가루와 물을 섞어 아주 단단하게 만든 '선원용 건빵' 형태로 주어졌어요. 하지만 이 건빵에는 금세 '바구미'라는 작은 벌레가 득실거리곤 했지요.

뭐야, 맛난 과자가 다 못 먹게 됐잖아!

누구, 오렌지주스 있는 사람 없어?

음료는 갑판 아래 있는 나무통에 저장했어요. 물을 오래 보관하면 더러워지고 맛이 없어져서, 해적들은 맥주나 과실주, 럼주를 즐겨 마셨지요.

이제 바지가 더 이상 흘러내리지 않아!

그러게 내가 먹는 것보다 낫다고 했잖아!

소금에 절여 말린 소고기는 선원들이 단추나 허리띠 버클로 만들어 사용할 만큼 아주 질겼어요.

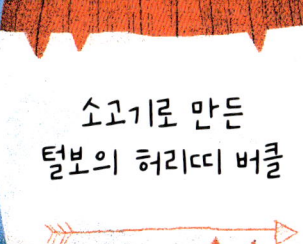

소고기로 만든 털보의 허리띠 버클

럼주와 물을 절반씩 섞은 '그로그'는 럼주의 유통 기한을 두 배로 늘려 주었어요. 거기에 레몬주스를 섞어서 비타민 C를 공급하면, 괴혈병에 걸릴 위험도 줄어들었지요!

운 좋은 해적은 항해 중에 우연히 다른 음식을 구할 수도 있었어요. 때로는 신선한 음식도요! 하지만 그런 음식은 그리 오래가지 못했지요.

먹을 것과 마실 것

41

씻지 않은 사람들과 비좁은 배에서 함께 살고, 벌레가 득실거리는 음식을 먹고, 그로그를 많이 마시고, 걸핏하면 싸움을 벌이는 해적들의 생활 방식은 건강에 매우 좋지 않았어요. 해적이 끔찍한 질병에 시달린 건 너무나 당연한 일이었지요!

너무너무 아파요!
(바다에서 건강을 유지하는 법)

괴혈병

과일과 채소에 있는 비타민 C를 충분히 섭취하지 못하면 괴혈병이 생겨요. 잇몸에서 피가 나다가 이가 빠지고, 피부가 노랗게 변하면서 자꾸만 피곤하고, 슬픈 느낌이 드는 게 초기 증상이니 주의하세요!

이야기의 교훈은? 항상 채소를 먹어라!

괴저

상처가 생기는 건 흔한 일이에요. 하지만 상처가 세균에 감염되면 살이 빠르게 썩어 들어가는 괴저로 변할 수 있어요.

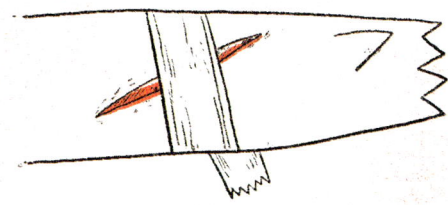

일단 피부가 썩기 시작하면, 누구에게든 곧바로 알려야 해요. 괴저가 번지는 것을 막는 유일한 방법은 감염된 팔다리를 잘라 내는 것뿐이니까요!

해적이 팔다리를 잃으면 의족(인공으로 만들어 붙이는 발)이나 갈고리를 받기도 했어요.
맞아요! 그것들은 해적이 재미 삼아 특이하게 꾸민 장식이 아니라,
몸을 다쳐서 실제로 사용하던 거였어요!

돈이 많은 해적은 뛰어난 의사에게 진찰을 받았어요. 또 솜씨 좋은 장인에게서 금속이나 나무로 만든 팔다리 대용품을 사기도 했지요. 이런 인공 신체 부위를 '의수' 또는 '의족'이라고 해요.

꼼짝 말고 가만히 좀 있어!

의사에게 낼 돈이 없는 해적은 수술해 주겠다고 말하는 사람, 그러니까 요리사, 목수 또는 도끼를 가진 사람에게 몸을 맡겨야 했어요. 아야!

다리를 잃은 해적은 나무 막대기 두 개를 목발 대신 사용했어요. 하지만 그것만으로는 매우 불편했지요. 그나마 형편이 나은 해적은 다리를 잘라 낸 부분에 나무나 뼈, 금속 조각을 묶어서 다른 도움 없이 걸을 수 있도록 의족을 만들었어요.

들이받아! 박살 내! 쾅! 해적선은 항상 무기를 잘 보관해서 공격에 대비해야 했어요. 자, 무기 창고 안을 한번 들여다볼까요?

우리가 무기다!
(취급 주의!)

총의 몸통이 길어 두 손으로 조작하는 소총이에요. 멀리서 총을 발사해 해적이 적보다 더 유리한 상황에서 싸울 수 있게 도와주었지요.

기습 공격을 위해 쉽게 숨길 수 있는 작은 단검이에요. 칼날의 양쪽 끝이 모두 날카로웠어요.

가지고 다니기 쉬운 작은 화승총이에요. 적의 배를 공격할 때 일대일 전투에서 주로 사용했지요.

배에 설치하는 아주 크고 무거운 대포랍니다. 화약의 힘으로 무거운 포탄을 900미터 떨어진 곳까지 날릴 수 있었지요!

해적들은 금은보화만을 빼앗으려고 배를 습격한 게 아니에요.
금은보화는 해적들이 실제로 약탈한 물품 가운데 아주 작은 부분이었지요.
그렇다면 그들은 어떤 값진 물건을 노렸을까요?

17세기에는 먼 나라에서 생산되는 이국적인 물건들이 신흥 제국으로 이동했어요. 무역선은 옷감, 동물 가죽, 향신료, 설탕, 염료, 코코아, 담배, 면화 같은 물건들을 운반했지요. 금이 없어도 이런 배들은 매우 쓸모가 있었어요. 해적들은 이 물건들을 빼앗아 불법 거래를 하는 암상인에게 팔았답니다.

먹을 것과 마실 것 또한 적의 배에서
얻는 값진 물건이었어요.
쌀이 가득 찬 통은 벌레가 들끓는 빵 대신
식탁에 반가운 변화를 가져왔지요.
고깃배를 약탈하면 식단에
맛있는 해산물이 추가되었어요.

드디어
먹을 게 생겼다!
얼마나 맛있을까?

해적선은 끊임없는 공격과 험악한
날씨 탓에 자주 망가졌어요.
해적들은 다른 배에서 교체할 부품을
빼앗아 자기 배를 새것처럼
꾸몄지요. 만약 해적선이
도저히 고칠 수 없는 상태라면,
아예 배를 통째로 빼앗았어요.

빨리빨리
옮겨!

여성 해적에 관한 이야기는 1500년대로 거슬러 올라가요.
이 흉악한 여성들의 삶은 거의 알려지지 않았지만, 전하는 이야기가 사실이라면
매우 대담하고 성공한 해적이었어요.

그레이스 오말리
(1530~1603년)

아주 이른 시기에 활동한 해적이에요. 충성스러운 선원들과 함께 20척의 배로 이루어진 자신만의 함대를 지휘했어요. 그레이스를 둘러싼 전설 가운데 아기를 낳은 지 하루 만에 전투에 참여했다는 이야기도 있답니다.

자퀴오트 들라이예
(1630~1663년)

남동생을 돌볼 돈이 필요해서 해적이 되었대요. 정체가 드러나 붙잡힐 위기에 처하자, 스스로 죽었다고 소문을 내고 남자 행세를 했어요. 훗날 정체를 밝힌 자퀴오트는 '죽음에서 돌아온 빨강 머리'라는 별명을 얻었지요. 머리가 빨간색이었거든요.

메리 리드
(1695~1721년)

앤 보니와 캘리코 잭이 활약하던 해적 무리에게 배를 빼앗기자, '마크'라는 이름의 남자로 변장하고 그들과 함께 항해했어요. 앤과 잭 두 사람만이 메리의 정체를 알고 있었다고 해요.

여성들은 해적이 될 수 없었지만, 바다로 나간 여성은 놀랄 만큼 많았어요.
심지어 몇몇 여성은 해적단에 합류해 자신만의 해적선을 이끌기도 했지요!

앤 보니
(1698~1782년)

아일랜드에서 태어났어요. 바하마에서 캘리코 잭을 만난 뒤로 해적이 되었지요. 악명 높은 해적인 메리 리드와 함께 '복수호'라는 배에서 치열한 전투를 벌이며 살았어요.

레이철 월
(1760~1789년)

레이철의 남편은 매우 가난했어요. 두 사람은 결국 바다로 나가 해적이 되기로 결심했지요. 배가 위험에 처한 척 꾸민 뒤에 도와주러 온 사람들을 약탈했어요. 그들은 1년 만에 24명의 선원을 죽이고, 6000달러 정도의 보물을 모았답니다.

칭시
(1775~1807년)

400척의 배와 7만 명의 선원으로 이루어진 어마어마하게 큰 함대를 이끌며 중국 주변 바다를 공포에 떨게 했어요! 마침내 붙잡혔을 때 배와 선원들을 모두 포기하는 대신, 자기 재산만은 지켰다고 해요.

'검은 수염'은 아마도 역사상 가장 유명한 해적일 거예요. 그만큼 그를 둘러싼 무서운 이야기가 많답니다. 다른 해적들처럼 그도 오래 살지는 못했어요. 그러나 그의 굉장한 명성은 훗날 여러 이야기와 영화를 만드는 중요한 소재가 되었지요.

'검은 수염'이 다가올 때 가장 먼저 보이는 것은 자욱한 화약 연기였어요. 그는 연기가 피어오르는 폭약의 도화선을 머리카락과 수염에 매달아 더 무섭게 보이도록 만들었답니다. '검은 수염'이 가슴에 권총까지 매달고 등장하면 모두가 꼼짝 못 했지요.

'검은 수염'은 '콩코드'라는 프랑스 배를 빼앗아 '앤 여왕의 복수호'라고 이름을 붙였어요. 틀림없이 누구도 마주치고 싶지 않은 배였을 거예요. '앤 여왕의 복수호'에는 30개가 넘는 무시무시한 대포가 실려 있었거든요!

1716년에서 1718년까지 바다를 누비던 '검은 수염'과 선원들은 결국 영국 해군에게 붙잡혀 목숨을 잃었어요.

역사를 통틀어 보면 피에 굶주린 도적부터 교활하기 짝이 없는 선원까지, 바다를 지배했던 무자비한 해적들이 참 많았어요. 이제부터 아주 유명했던 선장 몇 명을 소개할게요.

캘리코 잭 (1682~1720년)

영국인 해적이에요. '캘리코'라는 인도산 고급 면직물로 만든 옷을 즐겨 입어서 '캘리코 잭'이라는 별명이 붙었어요. 해골이 그려진 가장 유명한 해적 깃발을 디자인한 사람으로도 유명하지요!

블랙 바트 (1682~1722년)

엄청난 양의 보물을 모아 황금시대에 가장 성공한 해적이었지요. 처음에는 어쩔 수 없이 해적이 되었지만, 400척이 넘는 배를 점령해 약탈한 걸 보면 타고난 해적이었던 것 같아요.

헨리 에브리 (1659~?)

자신이 타던 배에까지 '팬시호'라는 이름을 붙인 해적이었어요! '팬시'는 화려하고 장식이 많다는 의미예요. 헨리는 해적으로서 아주 짧지만 성공한 경력을 쌓은 뒤에 은퇴했어요. 어디에서 죽었는지는 아무도 모르지만, 틀림없이 호화로운 삶을 살다 죽었겠지요?

프랑수아 롤로네 (1635~1668년)

무자비하게 공격하는 것으로 유명한 해적이에요. 피에 굶주린 듯한 행동을 한다는 소문으로 더욱 악명을 떨쳤지요. 에스파냐 배를 점령하고 군인의 심장을 꺼내 먹었다는 말이 떠돌 정도니까요!

윌리엄 키드 (1645~1701년)

최고의 해적은 아니었지만, 미국 뉴욕 해안가의 섬에 빼앗은 보물들을 묻었다는 전설로 유명하지요. 그 보물들이 아직도 그곳에 묻혀 있다는 소문이 돌던데….

해적들에게도 때로는 휴가가 필요했어요! 치열한 전투를 벌이고 약탈을 일삼은 뒤에 선장이 선원들을 데리고 해적들의 안식처를 찾아 휴식을 취했지요. 만약 팔아야 할 보물이 있다면, 해적들이 지배하는 그곳에서 살 사람을 쉽게 찾았을 거예요.

중앙아메리카 바하마 제도에 속하는 뉴프로비던스섬은 지금은 고급 호텔이 가득한 지상 낙원이지만, 1700년대에는 음흉한 뱃사람들로 붐비던 곳이었어요. 바하마의 수도인 나소는 유명한 해적들의 안식처였지요. 그때는 전 세계 선원들이 불법 거래를 하거나 신입 해적을 구하려고 이곳에 모였답니다.

아일랜드 서해안에 있는 클루만은 1500년대에 '그레이스 오말리'라는 무서운 해적의 근거지였어요. 그녀는 이곳에서 수백 명의 선원과 20척의 배로 이루어진 함대를 이끌었지요.

마다가스카르 동쪽에 있는 세인트마리섬은 해적들의 또 다른 천국이었어요. 1690년대에는 약 1500명의 해적이 이곳에 모였지요. 전투를 치른 뒤에 기력을 회복하고, 텅 빈 배에 필요한 물건들을 채우려고 모인 해적들에게 중요한 보급 기지 역할을 했어요.

해적들은 대부분 배짱이 두둑하고 용감했으며, 결코 전투를 피하는 법이 없었어요.
그런데 아주 용맹스러운 해적조차 두려워하는 특별한 이름이 하나 있었지요.
너무너무 무서워서 그의 이름을 속삭이는 것조차 피하려고 했어요.
그 무서운 이름의 주인이 누구냐고요? 바로 데이비 존스였어요!

우리한테는 별로 무섭게 들리지 않는 이름이지만, 해적들에게는 최악의 악몽이었지요.
그는 바다의 귀신으로 여겨졌어요. 바다에서 재난이 닥쳤던 곳, 특히 배가 침몰해
선원들이 목숨을 잃은 곳이면 어디에서나 악마 같은 그의 모습이 보였다고 해요.

그 이름이 어디에서 유래했는지는 아무도 모르지만, 해적들은 바다 밑바닥에 있는 모든 것이 데이비 존스의 것이라고 믿었어요. 그래서 바다의 밑바닥을 '데이비 존스의 사물함'이라고 부르기 시작했지요.

그 깊은 바다 밑바닥에서 우리를 기다리는 것은 무엇일까요? 귀중한 보물들? 유명한 난파선의 잔해? 아니면 데이비 존스? 아마 결코 알 수 없을 거예요. 쉿, 그 이름은 말하지 말래도!

1800년대에 들어서면서 조직적인 해적들의 활동은 거의 사라졌어요.
해적들의 안식처는 문을 닫거나 점령되거나 완전히 파괴되었지요.
유럽의 왕들은 해적들이 자신의 재산을 계속 약탈하자 더는 참을 수가 없었어요.
그래서 항구를 폐쇄하고, 어느 때보다 강력한 '해적 없애기 작전'을 펼쳤지요.

해적이 줄어든 또 다른 이유는 1830년대에 증기선이 발명되었기 때문이에요. 이 멋진 현대식 배는 돛과 바람에 의지하지 않고도 바다를 가로질러 이동할 수 있었어요. 그래서 전통적인 해적선이 결코 도달할 수 없는 곳까지 항해를 했고, 해적들도 손쉽게 붙잡았지요.

얼마 지나지 않아 규모가 작은 해적들만 남았어요. 그러니 붙잡혀서 교수형을 당하는 것보다 차라리 해적을 포기하고 다른 일을 하는 게 더 나았겠지요?

해적은 지금도 존재해서 지나가는 배들을 여전히 힘들게 하지요.
오늘날의 해적은 밤이나 완전히 어두운 곳에서도 물체를 꿰뚫어 볼 수 있는
야간 투시경과 지피에스(GPS) 시스템처럼 훨씬 더 정교한 기술을 사용한답니다.

여기 내 장비들 좀 봐! 어때, 근사하지?

다행히 이제 해적은 그리 큰 문제가 되지는 않아요.
하지만 해마다 약 300건의 해적 활동이 여전히 보고되고 있지요. 세상에나!

최근 몇 년 사이에 많이 바뀌었지만, 로버트 루이스 스티븐슨이 쓴 《보물섬》과 제임스 매튜 배리가 쓴 《피터 팬》 같은 책에서 묘사하는 해적의 모습은 전혀 변하지 않았어요. 비록 해적이 말하는 것과 똑같지는 않더라도, 해적처럼 차려입고 갑판 위에 서 있는 척 연기하면서 큰 소리로 외치는 놀이는 여전히 재미있지요.

해마다 9월 19일은 '해적처럼 말하는 날'이에요. 이날만큼은 전 세계의 모든 사람이 자기 마음속에 잠자고 있는 해적의 기질을 맘껏 드러낼 수 있지요. 부디 괴혈병은 빼고요!

기원전 1200년 무렵
지중해에 해적이 등장하다.

800~1066년
바이킹이 북아메리카, 유럽, 북아프리카, 그리고 지중해를 습격하다.

1492년
콜럼버스가 아메리카 대륙에 상륙해 에스파냐 제국의 식민지를 건설하다.

1718년
전설적인 해적 '검은 수염'이 전투에서 죽다.

1720년
악명 높은 해적이었던 앤 보니, 메리 리드, 캘리코 잭이 체포되다.

1580년
프랜시스 드레이크 경이
세계 일주 항해에 성공하다.

1650년
'해적의 황금시대'가 시작되다.

1730년
'해적의 황금시대'가
막을 내리다.

1830년
증기선을 운항하기
시작하다.

1990년대~현재
적은 수의 해적이 지나가는
배들을 계속 괴롭히고 있다.

제임스 데이비스

영국 웨일스 출신의 작가이자 일러스트레이터예요.
2018년에 몸이 아주 긴 개와 나눈 특별한 우정을 다룬 그림책 《긴 개Long Dog》를 출간해
그림책 작가로 활동을 시작했어요. 최근에는 고전 만화와 복고풍 그림책의 영향을 받은
독특하고 대담한 그림 스타일을 선보이고 있답니다.
탄수화물 식품을 가장 좋아하며, 머리털이 많이 빠진 말썽쟁이 치와와와
영국 서부의 항구 도시 브리스틀에서 살고 있어요.

김완균

한국외국어대학교 독일어과를 졸업하고, 독일 괴팅겐대학교에서 독문학 전공으로
문학박사 학위를 받았어요. 지금은 대전대학교 H-LAC대학 교수로 재직하고 있습니다.
옮긴 책으로 《못 말리는 악동들의 특별한 크리스마스 공연》, 《고맙습니다 톰 아저씨》,
《가재바위 등대》, 《에스더의 싸이언스 데이트 1, 2》, 《하케 씨의 맛있는 가족 일기》,
《수영하는 사람들》, 《젤프의 기만》, 《안녕! 지구인》, 《무타보어! 마법의 주문을 외워 봐》,
《도대체 가짜 뉴스가 뭐야?》, 《세계 역사 아틀라스》 등이 있어요.